HISTOIRE

DE

NAPOLÉON III

L'HOMME — LE SYSTÈME — LE RÈGNE

LES PRÉTENDUES RÉFORMES — LES DÉSASTRES

CONCLUSION

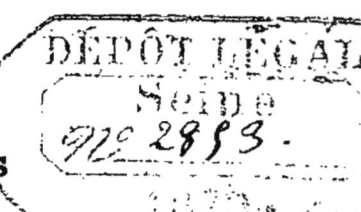

15 CENTIMES

PARIS

A. LE CHEVALIER, LIBRAIRE-ÉDITEUR

61, RUE RICHELIEU, 61

1872

AVANT-PROPOS.

Cette HISTOIRE DE NAPOLÉON III a été composée, pour la plus grande partie, avec la PETITE HISTOIRE DU SECOND EMPIRE écrite par M. E. SPULLER, à la veille du fatal plébiscite du 8 mai 1870, dans le but de détourner les Français de donner par leurs votes une nouvelle consécration au régime impérial, qui avait tant fait de mal au pays, et qui devait finir par l'entraîner dans l'abîme.

On y a ajouté un cinquième chapitre : LES DÉSASTRES, et l'on a modifié la conclusion, en l'appropriant aux derniers événements et à l'état présent des affaires.

Nous offrons ce petit écrit au public, avec la conviction qu'ainsi remanié et complété il obtiendra le même succès que la PETITE HISTOIRE DU SECOND EMPIRE, parce qu'il est appelé à rendre les mêmes services à la cause de la France et de la République.

L'ÉDITEUR.

HISTOIRE
DE
NAPOLÉON III

I

L'HOMME.

Napoléon III (Charles-Louis-Napoléon Bonaparte), ex-empereur des Français, né à Paris le 20 avril 1808, est le troisième des enfants qu'Hortense de Beauharnais a donnés à son mari Louis Bonaparte, roi de Hollande. Louis-Napoléon a gardé de son enfance et de sa première éducation, faite sous les yeux de sa mère, une empreinte ineffaçable.

C'est par sa mère, en effet, qu'il reçut la tradition bonapartiste, et c'est d'elle qu'il apprit, dès sa plus tendre jeunesse, à se considérer comme l'héritier et le continuateur de Napoléon Ier. Hortense de Beauharnais, femme ardente et passionnée, artificieuse, d'une ambition sans mesure, qui, depuis son entrée dans la vie, avait passé par tant d'épreuves et connu des fortunes si contraires, voulut former son fils à son image et le faire profiter des enseignements de sa carrière si traversée. Le voyant pâle, chétif, d'une intelligence médiocre et lente, elle s'appliqua à faire tourner ses défauts mêmes à son avantage, lui inculquant une seule idée, l'idée monarchique, l'habituant à la patience, à l'opiniâtreté, aux réflexions solitaires, au silence systématique. Ayant vécu dans la société corrompue du premier Empire, elle avait appris de bonne heure et à l'école du meilleur maître qui fut jamais en ce genre de leçons, à mépriser les hommes, à faire bon marché des scrupules de la conscience, à marcher droit à son but à travers tous les obstacles, sous l'empire d'une idée fixe et sans rien respecter autour de soi.

Ce système d'éducation était admirablement approprié à la nature et au tempérament de Louis-Napoléon. Esprit indécis, imagination molle, il ne semblait avoir de goût que pour les rêveries humanitaires et les utopies les plus chimériques ; au fond il était prince, et comme tel, il se croyait appelé à manier un jour les hommes et les faire servir à son ambition. Il n'étudiait les chimères d'autrui que pour les adapter aux siennes. Tout était prémédité chez lui, jusqu'aux imprudences ; et dans chacun de ses actes, même les plus futiles, on retrouve la trace persistante de son unique pensée, devenir Empereur et régner sur la France au nom de la tradition impériale. Toutefois, Louis-Napoléon n'avait pas laissé de remarquer que la tradition impériale ne pouvait suffire à elle seule pour ramener la France à la monarchie despotique de Napoléon Ier. Depuis la chute de l'Empire, la France avait connu et goûté les avantages et les douceurs de la liberté politique, et il était difficile de croire qu'elle se décidât à y renoncer pour l'unique plaisir de replacer sur le trône la dynastie napoléonienne, dans la personne d'un neveu de l'Empereur, d'ailleurs inconnu du pays. Malheureusement, sous la Restauration, en haine d'une dynastie revenue à la suite de l'étranger, libéraux et bonapartistes avaient fait alliance contre la royauté, alliance détestable et qui a été la cause de tous nos malheurs. Le libéralisme politique ayant triomphé après la Révolution de Juillet, les bonapartistes qui étaient peu nombreux se sentirent vaincus. De là, chez |Louis-Napoléon, cette répugnance insurmontable qu'il a toujours éprouvée à l'endroit des institutions parlementaires sur lesquelles s'appuyaient la bourgeoisie et la monarchie d'Orléans; mais, comme après tout la cause bonapartiste ne pouvait songer à se faire des partisans sans donner satisfaction aux aspirations démocratiques et libérales du pays, de là, chez Louis-Napoléon, cette attention constante à rattacher l'institution impériale à la souveraineté populaire, ce souci tant de fois manifesté de demander l'investiture de la volonté nationale, ce mélange odieux de démocratie et de césarisme qui étouffe toutes les libertés en ayant l'air de les servir, ce système de gouvernement bâtard et corrupteur qui n'a d'autre frein que la volonté personnelle du prince, sous le couvert de l'assentiment du peuple.

Dans tous les écrits comme dans tous les actes de la vie de Louis-Napoléon, on peut découvrir des vestiges de toutes ces idées confuses et contradictoires. S'il prend part avec son frère aîné à des conspirations et à des entreprises contre les gouvernements rétrogrades des princes italiens, en 1831, c'est pour se montrer à la France comme un soldat des nationalités opprimées; si, dans l'ombre des machinations tramées contre le gouvernement de Juillet, et jusque dans l'épouvantable affaire Fieschi, on aperçoit la trace de quelques menées bonapartistes, c'est pour que l'opinion s'habitue à regarder le neveu de l'Empereur comme l'un des adversaires du régime des privilégiés de Juillet. Paraît-il quelque ouvrage socialiste, vite le prince Louis le dévore, s'en assimile ce qu'il peut, et s'efforce de prouver, lui aussi, par quelques pages écrites à la hâte, qu'il a souci des idées nouvelles et qu'il veut travailler au bien-être du peuple. Enfin comment se présente-t-il à la France, quand il s'en vient en 1836 à Strasbourg et en 1840 à Boulogne, tenter ces deux échauffourées ridicules, qui méritaient un plus sévère châtiment et qui n'ont servi, hélas! à l'instruction de personne? Il se présente comme un libérateur, comme le fondateur d'une monarchie nouvelle, sous laquelle le peuple jouira de tous ses droits et marchera progressivement à la conquête de toutes les prospérités morales et matérielles.

Un tel système d'idées et de conduite ne pouvait, aux yeux des hommes intelligents et perspicaces, que révéler dans le prince Louis-Napoléon un ambitieux, d'autant plus redoutable que son esprit, tout entier à une idée fixe, devait s'être naturellement perverti à faire coexister ensemble des principes antagonistes, et que, pour amener le triomphe de sa personnalité et de sa chimère, tous les moyens lui semblaient bons. Mais le ridicule dont il s'était couvert dans les deux aventures qu'il venait de courir en compagnie de conspirateurs subalternes, et les sympathies si peu justifiées que lui témoignèrent certains libéraux trop compatissants, empêchèrent la France de prendre garde à lui et d'apprendre à le connaître. Il en arriva à se complaire dans cette obscurité où le dédain le reléguait, et à tirer parti pour l'exécution de ses projets de l'ignorance où l'on était de sa valeur véritable. C'est ainsi qu'il put se perfectionner dans cette politique tortueuse qui ne vit que de surprises et de coups de théâtre, et qui, pour arriver à son but, suit toujours les voies détournées. Résolu depuis son enfance à paraître sur la scène comme prétendant au trône impérial, bien longtemps avant de pouvoir user de tous les secrets de sa politique personnelle, « il avait appris, suivant la remarque judicieuse d'un historien anglais, à rédiger une constitution qui paraîtrait décréter une chose et qui en fait en ordonnerait une autre; il était versé dans l'art de tendre des pièges au suffrage universel, et il savait comment on étrangle une nation dans l'ombre de la nuit avec un instrument nommé plébiscite. »

Jamais, à aucune époque de sa vie, il ne suivit ce plan de conduite avec autant de patience et de mystère que pendant les trois années qu'il exerça la première magistrature de la République, de 1848 à 1851. La République était à peine proclamée que déjà il était à Paris, offrant ses services au Gouvernement provisoire : les Bonaparte n'ont jamais eu d'autre ambition apparente que celle de servir la France! Repoussé forcé de s'éloigner et de retourner à Londres, il laisse à Paris des agents actifs et dévoués. Les temps étaient difficiles, l'interdit qui pesait sur lui pouvait continuer de subsister : c'était le moment, comme dit le vulgaire, de pêcher en eau trouble. Les procès-verbaux de la commission d'enquête relative aux fatales journées de Juin laissent entrevoir que, dans cette mêlée terrible d'où le parti républicain est sorti épuisé, les éléments bonapartistes entraient pour une part qu'il ne sera sans doute jamais possible de fixer exactement. Enfin Louis-Napoléon peut rentrer en France. Il est bientôt élu représentant du peuple. C'est à peine s'il paraît à l'Assemblée ; il n'y parle qu'une fois et c'est pour protester de son dévouement aux institutions nouvelles, à la République qui lui a rouvert les portes de la patrie. Élu président, il prête à la Constitution républicaine un serment solennel, et ajoute à la solennité de ce serment légal une déclaration personnelle que nul ne lui demandait : « Je regarderai, dit-il, comme ennemis de la patrie tous ceux qui tenteraient par des voies illégales de changer la forme du gouvernement que vous avez établi ; » et voilà la République confiée à sa garde.

Que fait-il ? Il s'entoure de ministres et de conseillers, tous connus pour leur hostilité déclarée à la République. Bien loin de prendre la tête du mouvement, il se fait le serviteur de la réaction. Lui, l'ancien conspirateur qui avait voulu renverser le pouvoir temporel du pape, il ordonne et fait exécuter la première expédition de Rome qui devait renverser la république romaine et ramener Pie IX sur son trône. Lui, l'élu du suffrage universel, il laisse son ministère mutiler le suffrage universel par la loi du 31 mai. Sous son administration, la République est livrée à toutes les fureurs de ses ennemis ; l'instruction primaire est attribuée au clergé, le droit de réunion supprimé, la presse bâillonnée, les transportations sans jugement maintenues et aggravées, la France en proie à la division, aux discordes intestines. Et pendant ce temps-là, il gardait le silence, laissant tout faire et tout dire autour de lui; affectant de se placer au-dessus des querelles des partis, mais les maintenant aux prises les uns contre les autres, poursuivant au fond de sa pensée le rêve de son existence, guettant l'occasion favorable, et décidé à jouer sa réputation d'homme d'État, son honneur privé, sa vie dans une partie suprême.

Cette partie, il l'a jouée : c'est le coup d'État du 2 Décembre. Avec qui l'a-t-il jouée? Avec des partenaires qui s'appellent Morny, Saint-Arnaud, Magnan, sur le compte desquels il n'y a plus rien à dire, et d'autres encore. Contre qui l'a-t-il jouée? Contre l'élite de la France, contre les meilleurs citoyens, arrêtés, emprisonnés, proscrits, transportés, mitraillés et assassinés en plein boulevard. S'étant emparé de tout dans l'État, du trésor public comme de l'administration et de l'armée, il a demandé, à la France affolée de terreur, incapable de se retrouver et de se reconnaître au milieu de tant de proscriptions et de deuils, les pouvoirs nécessaires pour décréter la Constitution qu'il portait depuis si longtemps dans sa tête et organiser le système de gouvernement qu'il rêvait depuis sa jeunesse. A cette première demande, à ce premier plébiscite, 7,439,216 Français ont répondu *oui;* 642,737 ont répondu *non.*

Voyons ce qu'a fait Louis-Napoléon Bonaparte des pouvoirs qu'il s'est fait attribuer.

II

LE SYSTÈME

Le 14 janvier 1852, la nouvelle Constitution est promulguée. Cette Constitution remettait tous les pouvoirs entre les mains de Louis-Napoléon, confirmé pour dix ans dans ses fonctions de président de la République. Devenu chef de l'État, voici l'énumération des pouvoirs qu'il s'était arrogés : « Le chef de l'État commande les forces de terre et de mer; il fait les traités de paix, d'alliance et de commerce et les règlements nécessaires pour l'exécution des lois dont il a seul l'initiative, la sanction et la promulgation ; la justice se rend en son nom ; il a seul le droit de faire grâce et de décréter des amnisties ; les fonctionnaires lui prêtent serment ; il peut ouvrir par simples décrets des crédits extraordinaires en dehors du budget voté par le pouvoir législatif. » Le pouvoir législatif est déchu du droit d'initiative et du droit d'interpellation, aucun amendement ne peut être soumis à la discussion s'il n'est préalablement adopté par le Conseil d'État. Le Sénat, sur la proposition du président de la République, pourvoit par des mesures d'urgence à tout ce qui est nécessaire à la marche du gouvernement en cas de dissolution du Corps législatif et jusqu'à sa convocation. Enfin, dans tout l'État, il n'y a qu'un seul fonctionnaire responsable, c'est le chef de l'État lui-même. Mais cette responsabilité n'est pas organisée, et pour qu'elle soit mise en jeu, il faut que le président soumette lui-même au peuple les actes sur lesquels il appelle son jugement.

Cet effroyable système de gouvernement, sauf quelques modifications, a pesé sur la France pendant dix-huit ans, c'est là ce qu'on appelle le *pouvoir personnel* ; en d'autres termes, c'est la dictature la plus terrible qui puisse s'imaginer au dix-neuvième siècle, et la forme la plus savante et la plus raffinée de l'absolutisme et de la tyrannie.

Voici les éléments principaux du système ; mais il y avait encore d'autres raffinements dont il faut citer des exemples : le peuple, s'il voulait manifester son opinion sur les affaires de l'État, était obligé d'attendre le renouvellement du Corps législatif ayant lieu tous les six ans. Encore le pouvoir exécutif se réservait-il de désigner des candidats au suffrage universel et de les faire soutenir par ses préfets, par ses maires qu'il nommait, par ses conseils municipaux qu'il pouvait dissoudre et remplacer par des commissions, par ses juges de paix, par ses commissaires de police, par ses procureurs généraux, ingénieurs, recteurs, inspecteurs, contrôleurs, vérificateurs, percepteurs, conducteurs, gendarmes, gardes champêtres. Par l'admirable invention de la candidature officielle, le pouvoir personnel annulait la nation elle-même et restait seul maître dans l'État.

Toutefois ce n'était pas encore assez, le pouvoir personnel se déclarait responsable ; mais tous ses employés, tous ses agents, tous ses serviteurs, du petit au grand, étaient couverts par une immunité légale qui les faisait irresponsables. Nul ne pouvait traduire un fonctionnaire public devant les tribunaux sans avoir obtenu l'autorisation du Conseil d'État, c'est-à-dire d'un corps nommé par le souverain et qui représentait directement son autorité. Ainsi, au-dessous du despotisme du Maître, il y avait le despotisme des serviteurs ; les fonctionnaires, agents de l'Empereur, participaient à sa puissance et à son impeccabilité.

Tels étaient les pouvoirs que s'était attribués Louis-Napoléon. Voyons l'usage qu'il en a fait.

III

LE RÈGNE.

Après le Coup d'État du 2 Décembre, Louis-Napoléon garda son titre de Président de la République, pendant une année encore. Mais ce n'était pas pour être le premier magistrat d'une République qu'il avait été élevé, ni qu'il s'était instruit lui-même à l'école du despotisme impérial ; c'était pour être Empereur des Français, comme son oncle Napoléon Ier. La République d'ailleurs n'existait plus que de nom ; ce nom seul était odieux à un prince ; il fallait qu'il disparût. Après un voyage dans le Midi, accompli dans l'automne de 1852, où ses flatteurs lui avaient prodigué les plus basses adulations, cédant, disait-il, au vœu du peuple à la manière des anciens césars romains, Louis-Napoléon se décida, sur la proposition du Sénat nommé par lui, à soumettre à la ratification du peuple le rétablissement de la dignité impériale dans sa personne et dans celle de ses héritiers. Ce fut là le second plébiscite proposé à la nation. Le recensement général des suffrages donna 7,824,129 bulletins portant le mot *oui*; 253,149 portant le mot *non*; 63,126 bulletins nuls. Louis-Napoléon fut proclamé Empereur sous le nom de Napoléon III. Il n'y eut rien de changé en France, sinon que le nouvel Empereur était appelé à toucher une liste civile de vingt-cinq millions par an destinée à soutenir l'éclat du pouvoir. Le Sénat ayant bien voulu exprimer le vœu que « dans un avenir non éloigné une épouse vînt s'asseoir sur le trône et qu'elle donnât à l'Empereur des rejetons dignes de ce grand nom et de ce grand pays, » deux mois après son élévation à l'Empire, Napoléon III annonçait son mariage avec mademoiselle de Montijo, comtesse de Téba, aussi distinguée, disait *le Moniteur*, par la supériorité de son esprit que par les charmes d'une beauté accomplie. Dans le public ce mariage singulier causa une surprise d'autant plus vive que pendant toute l'année 1852 des bruits d'alliance du prince Louis-Napoléon avec des princesses de maison souveraine avait couru. Mais l'Empereur déclara que son mariage était, pour lui, avant tout une affaire de cœur, et tout fut dit.

Le rétablissement de l'Empire n'avait pas laissé d'inquiéter les souverains d'Europe. Depuis le coup d'État le prince Président s'était fait une réputation trop justifiée d'homme d'aventure : on pouvait tout redouter d'un chef d'État armé de pouvoirs si énormes, et la guerre, ce passe-temps des rois, était à tous moments attendue. Napoléon III avait dit cependant pour rassurer les princes : « l'Empire c'est la paix! » Mais tout le monde sentait qu'à la première occasion favorable le nouvel Empereur ferait la guerre. Il avait pour l'entreprendre des raisons d'autant meilleures, à ses yeux, qu'elles lui étaient plus personnelles. Le parti républicain avait été vaincu, écrasé en Décembre, mais non pas anéanti. A la vérité le silence et la compression régnaient partout; cependant il restait toujours dans les villes un fonds de résistance et d'opposition qu'il fallait à tout prix désarmer, en détournant l'opinion publiques des affaires intérieures, en l'attirant au dehors par des événements d'éclat. L'armée d'ailleurs entraînée et trompée au 2 Décembre, se sentait mal à l'aise au milieu d'une nation dont elle s'était séparée si cruellement; elle attendait des satisfactions et cherchait à reconquérir son honneur. Enfin, l'Empire nouveau sentait le besoin de se produire devant l'Europe comme un pouvoir fort et national, capable de porter haut le drapeau de la France, quels que fussent d'ailleurs les sacrifices à accomplir. Les insolentes prétentions de la Russie sur les Lieux-Saints et son arrogance à l'égard de la Turquie, décidèrent la guerre d'Orient, que Napoléon III n'entreprit qu'avec le concours de l'Angleterre.

Cette guerre a été populaire, si on la compare à d'autres dans lesquelles le second Empire a depuis lors entraîné la France. Cependant qui ne se rappelle qu'à cette époque la France, comme désintéressée d'elle-même, semblait se résigner à se laisser conduire partout où voudrait la mener son gouvernement. Seuls, les boursiers, les agioteurs s'intéressaient à cette guerre dont l'intérêt était si lointain. Les amis de la liberté craignaient de voir les dernières traces des idées libérales s'effacer du cœur du peuple. Le peuple lui-même ne se sentit ému qu'au récit des exploits de nos soldats sur la terre de Crimée, de leurs fatigues glorieuses et de leur inaltérable gaieté au milieu des plus dures souffrances. C'était d'ailleurs sur cette émotion que comptait la politique impériale. La guerre de Crimée, qui a tant illustré nos armes, n'a été, après tout, qu'une longue suite de hauts faits inutiles, depuis la victoire de l'Alma jusqu'à la prise de Sébastopol. Il s'agissait de ruiner l'influence russe en Orient. Cette influence y fut depuis plus prépondérante que jamais. Sébastopol a été réduit en cendres, mais la diplomatie du cabinet de Saint-Pétersbourg a su réparer ce désastre. Napoléon III, d'ailleurs, n'en voulait pas mortellement à la Russie. Dans les négociations qui ont préparé la paix, il l'a ménagée avec tant de précautions que finalement l'alliance anglaise, pour laquelle il semblait que la guerre eût été faite s'en est trouvée compromise. Mais qu'importait au second Empire? Il avait soif d'un baptême de gloire, il l'avait obtenu. Que pouvaient lui faire les cent mille hommes tués dans la guerre ou morts de maladie dans ces pays lointains? Que lui faisaient surtout les quinze cent millions dépensés en pure perte pour la prise d'une forteresse?

Au surplus ces quinze cent millions, jetés dans le gouffre de la guerre, avaient été pour le second Empire un nouvel instrument de règne. Les emprunts faits par l'Etat avaient été réalisés au moyen de souscriptions nationales. On avait vu alors un spectacle nouveau et qui devait singulièrement corrompre les mœurs et l'esprit public. En proie à l'ardeur d'une spéculation effrénée, la bourgeoisie française, d'ordinaire si économe et si prévoyante, devint presque subitement dépensière et prodigue. Dans les hautes classes, le luxe s'étalait sans règle ni mesure, tandis que par l'effet des mauvaises récoltes, la misère régnait en bas. Il s'établissait de la sorte peu à peu deux nations ennemies dans la nation, et cet antagonisme des classes ne profitait qu'au pouvoir absolu. A la suite des emprunts nationaux le goût de la spéculation s'éveilla même dans les classes moyennes. Vers 1855 et 1856 on peut dire que toute la France était à la Bourse. Le gouvernement exploitait comme un succès personnel l'empressement du public à souscrire des emprunts avec primes qui soufflaient partout l'amour du gain acquis sans travail et qui poussaient même les gens de condition peu aisée vers des habitudes des dépenses et de paresse. Cet âge d'or de la coulisse correspond à l'époque de la conclusion du traité de Paris et de la naissance du prince Impérial (mars 1856); c'est là véritablement l'apogée du second Empire.

Pendant ce temps-là, ni tribune, ni presse, ni esprit public. L'unique souci, c'étaient les intérêts matériels qui permettaient d'assouvir un besoin de jouissances grossières tel que la France n'en avait jamais connu dans le cours de sa longue histoire. Tout était tourné au paraître, et l'administration publique s'appliquait à entraîner les villes dans cette voie de la dépense de luxe qui s'était emparée de tous les particuliers. Les grands travaux improductifs étaient entrepris sur tous les points du territoire, surtout à Paris où ils devenaient, entre les mains d'un préfet actif et sans scrupules, le plus puissant moyen de gouvernement. Ces grands travaux déterminaient des crises terribles dans le commerce et l'industrie ordinaires; la cherté des loyers devenait fabuleuse et les denrées de première nécessité souvent d'un prix inaccessible. Tout était poussé à outrance, et il semblait que notre nation eût pris pour devise dans sa vie la devise des grands viveurs qui étaient à sa tête : courte et bonne. Cette démoralisation du pays est un des faits qui retomberont le plus lourdement à la charge du système inauguré après le 2 Décembre.

Napoléon III n'en était pas moins considéré comme l'arbitre de l'Europe. Les grands services rendus par lui à la contre-révolution l'avaient fait l'ami de tous les souverains, et Paris commença de voir ce défilé de princes et de rois qui a tant de fois satisfait l'orgueil de l'Empereur. Cette fortune triomphante n'était pas de nature à désarmer les ennemis de la dictature installée parmi nous après le coup d'Etat. L'opinion ne pouvant se faire jour, le mécontentement public n'avait point d'issue. Cependant aux élections de 1857 pour le renouvellement du Corps législatif, Paris et quelques grandes villes avaient fait voir par le choix de quelques députés radicaux dont plusieurs refusèrent le serment qu'il n'y a pas de prescription contre le droit et la justice. Au commencement de 1858, la tentative d'Orsini contre les jours de l'Empereur montra que les sentiments hostiles à Napoléon III n'étaient pas exclusivement propres aux vaincus de Décembre. Ce fut pour le pouvoir impérial une occasion de reprendre les vieux errements de 1852. Des centaines de citoyens furent arrachés à leurs familles et transportés ou exilés; une nouvelle loi des suspects, dite la loi de sûreté générale, étendit la main de l'administration sur toute personne qui serait tentée de faire acte d'opposition à un régime qui sans se relâcher de sa rigueur primitive commençait toutefois à perdre de son prestige.

Mais le despotisme est une machine soumise aux lois de toutes les autres ; il n'en faut pas tendre les ressorts outre mesure, si l'on ne veut pas qu'ils se brisent. Au commencement de 1859, une nouvelle guerre était décidée dans l'esprit de l'Empereur qui comprenait la nécessité de ne pas trop laisser la France à elle-même. C'était la guerre d'Italie. Entreprise par la seule volonté du souverain, il fallait la colorer de prétextes qui la rendissent populaire. Pour la première fois les mots d'indépendance et de liberté sortirent de la bouche du souverain : ils produisirent un effet magique ; toute la France les répéta, espérant qu'après que la liberté serait rendue à l'Italie par nos armes, elle nous serait enfin restituée par celui qui nous l'avait ravie. La courte campagne de Lombardie est une page de plus à ajouter à notre histoire militaire, qui, alors, n'en avait pas besoin. L'intelligence des soldats, leur intrépidité personnelle, contribuèrent plus à nous donner la victoire que le génie des chefs, et si l'Empereur revint si tôt d'une guerre à laquelle il avait assigné pour but l'affranchissement de l'Italie des Alpes à l'Adriatique, on peut dire que l'expérience personnelle qu'il venait de faire du métier du général y contribua pour le moins autant que le désir d'éviter l'alliance nécessaire de la Révolution, au cas où il se fût décidé à remplir lui-même son programme. La guerre d'Italie se trouva donc subitement arrêtée ; la moitié de la tâche entreprise restait à remplir ; la péninsule n'était pas délivrée, et l'on venait de susciter chez nous, comme au delà des monts, une série de difficultés qui restent encore à résoudre. La campagne ne nous en avait pas moins coûté près de soixante mille hommes et sept cent cinquante millions : rien ne coûte cher comme la politique personnelle.

De retour chez nous, l'Empereur à qui sa gloire récemment acquise pouvait laisser croire qu'il était au-dessus des partis, accorda une amnistie générale (15 août 1859). Il avait exilé nos concitoyens sans droit ; il les rappela par un pur caprice. Les exilés rentrèrent dans une patrie réduite au silence, destituée de toute participation à la conduite de ses affaires, tenue en tutelle comme un enfant mineur et sans espoir de voir cesser quelque jour cette tutelle humiliante. Peu à peu cependant, l'esprit public, si longtemps étouffé et comprimé, reprenait des forces. Les tergiversations de la politique impériale en Italie avaient affaibli le prestige du gouvernement à l'extérieur ; à l'intérieur, les vieux partis qu'il venait de tromper par sa conduite ambigue à l'égard du Pape, se détachaient de lui, et la jeunesse, symptôme significatif, ne s'en rapprochait pas ; depuis dix ans, on ne pouvait citer personne de notable dans l'opposition qui se fût rallié au système ; l'Empire se sentait isolé au milieu de la nation ; il devenait indispensable de lui rendre un peu de vigueur. L'Empereur, sur les conseils de quelques amis, dit-on, mais en réalité de son propre mouvement, rendit le décret du 24 novembre 1860, qui avait pour objet d'associer plus intimement les grands corps de l'Etat à sa politique et de laisser venir jusqu'à lui l'expression des vœux de l'opinion publique, par voie d'adresse, en réponse au discours annuel du Trône.

Ce fut là pour la première fois que l'Empire chercha le moyen d'abuser la nation, en prenant le masque libéral. La parole publique était rendue aux députés : cette concession parut énorme. En réalité le pouvoir personnel n'était ni diminué ni même atteint. L'Empereur restait toujours le maître de la France, maître de ses destinées, et dispensateur de son sang et de ses trésors. Cette période de l'histoire de l'Empire est en effet celle des expéditions lointaines, expédition en Syrie, expédition en Chine et en Cochinchine. Ce ne sont point les prétextes qui manquent pour ces ruineuses campagnes, et quand les prétextes manquent, on les crée, sauf à violer toutes les règles de la justice et du bon droit, comme, par exemple, pour l'expédition du Mexique.

On ne sait pas encore la vérité (la saura-t-on jamais?) sur les causes de cette criminelle folie. On a parlé d'outrages à nos nationaux qu'il s'agissait de venger ; on croyait à une alliance et à une action communes avec l'Angleterre et l'Espagne pour obtenir réparation. L'Angleterre et l'Espagne sont revenues du Mexique sans coup férir et ont obtenu du Mexique tout ce qu'elles demandaient. Nous, au contraire, par un caprice de la volonté personnelle du souverain, nous sommes restés. Portés là-bas, à deux mille lieues de la mère-patrie, pour y obtenir le paiement de créances véreuses, nous y sommes demeurés pour y établir un Empire, au profit d'un prince étranger, sur les ruines d'une République. En vain la nation, par l'organe des cinq députés de l'opposition d'abord, et plus tard, après 1863, par d'autres encore, par l'organe des journaux, même les plus modérés, s'est-elle opposée à cette malencontreuse entreprise : rien n'y a fait ; rien n'a prévalu contre la volonté du Maître que la France s'était imposé à elle-même, en un jour de terreur. Pour ce maître, l'expédition du Mexique était la plus grande pensée de son règne : la France devait donner le sang de ses enfants, le fruit de ses épargnes, pour aider à la réalisation de cette pensée d'un seul homme. Tels sont les effets du despotisme !

Est-il besoin de rappeler par quels désastres s'est terminée cette malheureuse affaire? Nos soldats rendus odieux à une population qui combattait pour sa liberté et ses foyers ; le prince infortuné que nous avions amené là et fait empereur, saisi, jugé et fusillé, ni plus ni moins qu'un aventurier; et enfin, pour comble d'humiliation, notre diplomatie abaissée et notre armée obligée de quitter le territoire mexicain sur l'ordre formel, sur l'injonction blessante du secrétaire d'État de la République américaine? Faut-il parler après cela des cinquante mille soldats que nous avons perdus dans cette guerre inutile et odieuse, des six ou sept cents millions, au bas mot, que nous a coûté cette fatale rêverie d'un cerveau solitaire?

Il semblait qu'après une si monstrueuse erreur qui suffirait à elle seule, dans un pays libre, pour écarter à jamais des affaires l'homme d'État qui s'en serait rendu coupable, le pouvoir personnel mettrait un terme à ses fantaisies, ou tout au moins se défiant de lui-même, prendrait désormais conseil des représentants de la nation pour la gouverner. « Il n'y a plus une seule faute à commettre, » s'était écrié M. Thiers justement alarmé de tant d'infatuation dans le souverain. Mais c'est le propre des pouvoirs absolus de ne se jamais contenir eux-mêmes. L'occasion est toujours là qui les tente, et quand ils se sont trompés, toute occasion leur paraît bonne de réparer leurs erreurs et de prendre une revanche. Au moment même où la France était humiliée au Mexique, des intrigues secrètes agitaient l'Europe. La Pologne se soulevait toujours héroïque; on pouvait tenter quelque effort en sa faveur, et l'Angleterre semblait disposée à s'associer à cet effort. Mais point : on mécontente l'Angleterre, car on était déjà engagé ailleurs. Un homme d'État audacieux, de cette école nouvelle du succès à tout prix, M. de Bismarck, s'attaquait à l'un de nos plus anciens et plus fidèles alliés, le Danemarck. N'y avait-il rien à faire dans l'intérêt du Danemarck, quand ce n'eût été qu'élever la voix en compagnie de l'Angleterre? Par malheur l'Angleterre se défiait de nous, le Danemarck fut abandonné à ses vainqueurs, à l'Autriche et à la Prusse, qui ne devaient pas tarder à en venir aux mains pour se partager ses dépouilles. C'était là l'occasion désirée. La guerre éclate entre les deux grandes puissances allemandes. Que va faire la France? Se croisera-t-elle les bras en présence de ce grand duel dont l'issue est douteuse? N'y a-t-il aucune précaution à prendre? Qui sait comment tout cela finira? L'opinion s'émeut, le pays s'inquiète : le pouvoir personnel ne répond rien, refuse de répondre. Et pourquoi? Cette question est une injure. N'est-il pas la providence de la France? n'a-t-il pas tout prévu, peut-être même tout arrangé secrètement.

La Prusse et l'Autriche se rencontrent à Sadowa. On croyait que l'Autriche serait victorieuse. Erreur, c'est la Prusse ; la campagne est finie, campagne décisive de sept jours qui partage l'Allemagne en deux, détruit l'équilibre de l'Europe, agrandit outre mesure la Prusse et nous met à nos portes une nation militaire de vingt-cinq millions d'habitants, sans que nous ayons à dire le plus petit mot. Où donc est le prestige de la France ? Où est son influence morale ? Tout cela est détruit, le monde est troublé, la paix instable ; les nations s'épuisent en armements militaires.

Mais un gouvernement despotique et militaire comme celui d'un Bonaparte, surtout quand il se sent humilié, ne peut demeurer longtemps sans donner quelque preuve de force. Fidèle d'ailleurs à ce système de bascule qui a toujours été cher aux gouvernements sans principes, à la première occasion favorable, l'Empire brouillé depuis 1859 avec le parti catholique à qui, dans les commencements du règne, on avait tout livré, devait chercher à rentrer dans ses bonnes grâces. L'Italie, à qui Napoléon III avait promis l'indépendance et la grandeur d'un peuple libre, cherche à se rendre maîtresse de Rome, sa capitale naturelle. Le Pape crie, appelle à son secours Napoléon III qui, six ans auparavant, avait consenti à l'écrasement de la petite armée pontificale à Castelfidardo, décide une seconde expédition romaine. Que si l'on demande dans quel but, qu'on relise la dépêche du général de Failly après Mentana. Nos soldats ont rencontré les volontaires garibaldiens et les ont écrasés : les fusils chassepot ont fait merveille ! Il fallait bien prouver à l'Europe, et surtout à M. de Bismark, que la France n'avait pas cessé d'être la première nation militaire du monde. Nous avions quitté Rome une première fois ; nos troupes y retournèrent et y restèrent jusqu'à ce que nos désastres sur le Rhin obligeassent à mettre en face des Prussiens tous ceux qui pouvaient tenir une arme.

IV

LES PRÉTENDUES RÉFORMES.

Mais avant d'arriver aux dernières catastrophes, il faut examiner ce que les partisans du régime impérial appellent ses *bienfaits*.

Le gouvernement impérial si fortement constitué devait avoir à cœur de faire œuvre de réformateur. Succédant à un régime de libre discussion, il se vantait dans l'origine de faire oublier la liberté qu'il accusait d'être impuissante à réaliser aucune amélioration. Mais les réformes accomplies par un pouvoir absolu ne peuvent, quel que soit l'objet auquel elles s'appliquent, être en contradiction avec le principe même du gouvernement; le despotisme fait sentir son action partout, et c'est en vain que l'on chercherait dans tous les actes du régime impérial une mesure quelconque qui ne soit pas marquée de l'empreinte de son origine. En 1852, M. de Persigny parle de décentralisation. Qu'est-ce que cette décentralisation qu'il prétend organiser? Ce n'est ni plus ni moins que l'attribution aux préfets, agents du pouvoir central, de certains des pouvoirs jusque-là réservés aux ministres. Où est la décentralisation en tout ceci? En quoi les conseils élus par les citoyens voient-ils leur compétence étendue et leur autorité augmentée? N'est-ce pas là pourtant le but de la décentralisation véritable? Plus tard, le territoire se couvre, à l'instigation des préfets, de sociétés de secours mutuels. Mais quelle est l'indépendance de ces sociétés? L'Empereur nomme et révoque leurs présidents; l'autorité les tient à sa merci. L'Empire a-t-il cru par là faire quelque chose en faveur du droit d'association si étrangement foulé aux pieds depuis le premier Napoléon et pourtant si nécessaire dans une démocratie? Nulle erreur ne serait plus grande : l'article 291 du Code pénal qui interdit toute association subsiste toujours, et dès que l'on en propose l'abrogation, les conservateurs de l'Empire poussent les hauts cris. Après la disette de 1854, on imagine de créer des caisses de boulangerie : à merveille; mais à Paris où les travaux publics de luxe absorbent toutes les ressources disponibles, cette institution ne tarde pas à disparaître. On veut réformer la loi sur le recrutement de l'armée en 1855, afin de supprimer le scandale des remplacements militaires : qu'imagine-t-on? Rien de mieux qu'un système d'exonération dont l'État lui-même fixe le taux chaque année, — ce qui facilite un véritable agiotage sur le sang des citoyens, — et qu'un autre système de réengagements avec primes qui conserve dans les régiments de vieux soldats résolus à se faire de la vie de caserne une carrière et tout préparés au rôle de prétoriens. Et ainsi, dans toutes les questions où le gouvernement impérial a mis la main.

Mais nulle part l'influence du pouvoir personnel ne s'est fait sentir avec plus de fâcheux résultats que dans les affaires industrielles et commerciales du pays. La chimère des gouvernements de silence et de compression consiste précisément à vouloir obstinément détourner les peuples de la liberté politique. Pour atteindre ce but, tous les moyens semblent bons. Tantôt on fera tout à coup et à l'improviste quelque expédition aventureuse; tantôt on parlera de mesures propres à donner une vive impulsion à l'agriculture, à l'industrie et au commerce. Napoléon III, dans sa carrière de publiciste, avait touché à bien des sujets : nul cependant ne pouvait dire au juste quelles étaient ses idées économiques, ni s'il était partisan du libre échange ou du système protecteur. Une parole sévère, tombée de ses lèvres depuis qu'il était monté sur le trône, donnait à penser qu'il était plutôt en garde contre les théories de la secte économiste que partisan des nouveaux systèmes. La liberté devait l'effrayer en économie comme en politique. Un beau matin, le 5 janvier 1860, il se réveille libre échangiste à tous crins. Il écrit à son ministre d'Etat une lettre où il annonce que, suivant ce qu'il a résolu, tout le système industriel et commercial de la France va être changé. Eh quoi ! sans enquête préalable, sans consulter le Corps législatif? Oui : ainsi l'a décidé l'homme à qui la France a donné le droit de faire tout seul des traités de commerce. Que parle-t-on d'ailleurs de consultations préparatoires, d'enquête et de délibérations? La lettre impériale est du 5 janvier, et le traité de commerce avec l'Angleterre est conclu le 20 secrètement par MM. Rouher et Michel Chevalier avec l'Anglais Richard Cobden, si secrètement, que, pour n'en rien laisser transpirer, ce sont Mesdames Chevalier et Rouher qui font elles-mêmes les copies du traité. Ainsi voilà qui est fait. La France, pays d'industrie de luxe et de culture de céréales, habituée depuis Colbert et Louis XIV à un système protecteur qui ne devait tomber que peu à peu et au fur et à mesure du perfectionnement de l'outillage national, de l'achèvement des voies de communication, et de l'abaissement progressif des impôts et de la conscription, la France se trouve libre échangiste, sans le savoir, sans le vouloir. On sait aujourd'hui les déplorables conséquences d'un pareil coup de tête : plusieurs de nos grandes industries disparurent ; d'autres furent encore obligées de se transformer, presque toutes languissent dans un état de crise voisin de la ruine. Mais bah ! qu'est-ce que tout cela fait ? Le gouvernement personnel est un grand gouvernement qui ne s'attarde pas dans la routine des vieilles théories économiques ; c'est un gouvernement progressiste et qui marche à la tête des idées de son siècle. Aimez-vous les libertés économiques ? On vous en donnera autant et de toutes les sortes que vous voudrez. Liberté de la boucherie, liberté de la boulangerie, liberté des théâtres, etc. Il y a bien aussi la liberté de l'imprimerie, de la librairie et du colportage. Ah ! pardon ! n'allez pas si vite ; cette liberté là, tout industrielle et commerciale qu'elle soit, n'est pas une liberté comme les autres : elle touche par plus d'un point aux libertés politiques, et justement l'Empire n'accorde autant de prétendues libertés économiques que pour ne pas donner la liberté politique.

Pourtant il a bien fallu y venir, à cette liberté politique tant de fois décriée, conspuée par le régime impérial. Mais c'est surtout dans les réformes politiques si parcimonieusement mesurées, octroyées d'une main si avare par le pouvoir personnel, qu'on retrouve tout entier cet art misérable auquel l'empereur Napoléon III s'est exercé depuis sa jeunesse de retenir ce qu'il paraît donner, et de rédiger des lois et des décrets qui semblent ordonner une chose et qui, en fait, en ordonnent une autre. Le décret du 24 novembre paraît : la parole est rendue aux représentants de la nation, mais leur action législative reste toujours entravée. Du reste, la presse continuant d'être enchaînée, la tribune, sans écho au dehors, est impuissante à rien faire. Que peuvent obtenir les *Cinq*? Rien. A quoi se borne leur action ? A rédiger des amendements au projet d'Adresse, amendements mémorables à la vérité et qui, peu à peu, réveillent l'opinion, ramènent les questions de principe et rappellent la nation à ses devoirs et au souci de ses affaires. Cela seul suffit à troubler la quiétude de l'Empire. Assez de cette importune discussion de l'Adresse ; assez de ces interminables discours : le régime impérial ne peut souffrir la contradiction ; l'Adresse sera supprimée.

Après le grand désastre de Sadowa, au moment où la France se sent humiliée, nouvelles concessions. L'Empereur écrit la lettre du 19 janvier. La presse sera soustraite au pouvoir discrétionnaire de l'administration ; le droit de réunion sera inauguré ; l'action du Corps législatif sera plus libre. Fort bien ! Mais on a vu plus haut quel était cependant l'état vrai de la presse en France : c'était toujours le despotisme régnant sous les apparences d'une liberté plus grande. Quant au droit de réunion, c'était peut-être de toutes les concessions consenties par le pouvoir impérial la plus perfide de toutes. On se réunira pour parler de littérature, de théâtre, de théories sociales ; on ne se réunira point si l'on veut traiter d'intérêts sérieux et positifs comme ceux qui sont engagés dans les questions politiques : avec cela, n'oubliez pas que la présence d'un commissaire de police était obligatoire, et que d'ailleurs les préfets avaient le droit d'interdire toutes les réunions, de quelque ordre que ce soit, qui leur semblaient dangereuses. L'action de la Chambre était étendue, on lui donnait le droit d'interpellations ; les ministres se présentaient devant elle et soutenaient eux-mêmes les actes de leur administration, mais les interpellations étaient livrées à l'arbitraire et au caprice de la majorité, et, de plus, on avait soin que le principal ministre fût le porte-parole du pouvoir personnel et parût devant les représentants du pays comme un vice-empereur : que pouvaient faire des députés issus de la candidature officielle contre un pareil personnage ? Le pouvoir personnel continuait de durer.

Enfin 1869 arrive. Le pays parle haut : trois millions cinq cent mille électeurs réclament la souveraineté du pays par le pays; la volonté de la nation est claire; il faut céder. On nous fait alors le beau sénatus-consulte de juillet dernier qui prépare le couronnement de l'édifice, en établissant la responsabilité ministérielle, en rendant au Corps législatif le droit d'initiative, le droit de pétition, le droit de régler son organisation intérieure en associant plus intimement le Sénat à l'action législative. Les anciens serviteurs du pouvoir personnel se retirent, cédant la place à des ministres qui veulent, du moins à ce qu'ils disent, inaugurer vraiment le régime parlementaire. On croit qu'il y a positivement quelque chose de fait : le nouveau gouvernement parle même d'abandonner les candidatures officielles. Allégresse dans tous les vieux partis ! L'édifice est couronné : montons au Capitole et rendons grâces aux dieux !

On comptait sans Napoléon III qui ne peut consentir à ce rôle de souverain constitutionnel, sans déchoir à ses propres yeux. A la première question qui se pose, la vérité du système se découvre : vous vous croyiez en plein système parlementaire, vous êtes en plein régime personnel. Pourtant l'Empereur a l'air de consentir à tout ce qu'on lui demande.

S'agit-il d'enlever au Sénat le pouvoir constituant : l'Empereur ne fait nulle objection ; s'agit-il de faire de la haute assemblée une seconde chambre, à la manière de la chambre des pairs : l'Empereur le trouve très-bon. Tout paraît marcher à souhait. Attention ! Au détour d'un article, vous allez rencontrer le vieil homme. Article 13 de la nouvelle constitution : *L'Empereur est responsable devant le peuple français auquel il a toujours le droit de faire appel.* Qu'est-ce à dire ? Cette arme terrible du plébiscite sera-t-elle toujours suspendue sur nos institutions parlementaires ? — Oui. — Mais c'est la négation même du système représentatif ! — Je ne dis pas non. C'est que la monarchie impériale n'est pas une royauté bourgeoise à la mode du temps de Louis-Philippe ; la monarchie impériale, c'est César pouvant le jour qu'il lui plaît écarter chambres et ministres et entrer en tête-à-tête avec le peuple. Et notez bien que les occasions légales ne manqueront pas, sans parler des caprices, des fantaisies et des coups de tête ; la constitution nouvelle est composée de quarante-sept articles dont aucun n'est modifiable ni réformable sans l'assentiment du peuple. Ah ! vous craignez les plébiscites : on vous en donnera et plus que vous n'en voudrez.

Le plébiscite fut décidé. C'était bien la preuve que l'Empire ne pouvait ni ne voulait renoncer à sa toute-puissance sur la nation.

Malgré les avertissements des gens sensés, malgré le manifeste de la gauche et de la presse démocratique qui disait : « ce que l'on nous demande c'est l'aliénation de notre souveraineté, c'est l'inféodation du droit populaire aux mains d'un homme et d'une famille, c'est la confiscation du droit imprescriptible des générations futures, » les malheureux électeurs, trompés par le Gouvernement et ses agents, et croyant que répondre *oui* à l'appel de l'Empereur qui demandait au pays de ratifier ce qu'il avait fait depuis dix-huit ans, c'était assurer la paix et la prospérité, les électeurs, disons-nous, laissèrent tomber plus de sept millions de oui dans l'urne plébiscitaire.

V

LES DÉSASTRES.

Le plébiscite était une victoire pour le Gouvernement, mais c'était une victoire factice. On connut bientôt et les manœuvres employées pour arriver à ce résultat et combien avaient été trompés les électeurs sur la nature du vote. Les aspirations du pays vers la liberté ne firent que s'affirmer de plus en plus et les difficultés s'accrurent chaque jour pour le Gouvernement. Il restait un moyen suprême de salut, la guerre. Avec un peu de gloire militaire on pensait forcer au silence et pouvoir régner encore comme par le passé sans contrôle, sans discussion. Il fallait un ennemi; il était tout trouvé : depuis 1866, on en voulait à la Prusse de sa victoire écrasante sur l'Autriche et l'on redoutait sa puissance dont il était facile de voir les tendances envahissantes. On avait l'ennemi, il fallait un prétexte pour lui déclarer la guerre. On le trouva dans l'offre faite à un prince prussien du trône d'Espagne alors vacant. Sur les observations de la diplomatie européenne, désirant éviter le conflit imminent, l'aspirant au trône, le prince de Hohenzollern, renonce à ses prétentions. Encouragé par ce succès, le Gouvernement français demande alors au roi de Prusse de déclarer que cette candidature ne se représentera plus. C'en est trop, et le roi de Prusse refuse de recevoir notre ambassadeur. La guerre est déclarée; c'est « avec le cœur léger » que le ministre É. Ollivier vient annoncer à la Chambre cette *bonne* nouvelle, et l'on se lance alors dans cette effroyable aventure.

Nous ne raconterons pas ici la série de défaites qui nous accablèrent. Plus préoccupé du sort de son trône et de sa dynastie que de celui du pays, Napoléon a sur le commandement et la résistance le plus mortel effet. Sedan arrive !

Alors le 4 septembre 1870, comme on était sous la brûlante impression de ces désastres, le 4 septembre, entre midi et quatre heures du soir, l'empire disparaissait dans un incomparable effondrement, et la république se relevait pour recueillir le douloureux héritage d'une situation compromise, pour ramasser les forces de la nation, pour faire face à cette tempête de feu s'avançant sur Paris. La France était rentrée en possession d'elle-même, sans lutte, sans déchirement, par une sorte de soubresaut de patriotisme et de désespoir devant l'ennemi.

Cette révolution était inévitable dès le jour où les premiers revers de la guerre avaient brusquement divulgué le secret de l'empire en mettant à nu l'impéritie, la légèreté, la confusion, le désordre, qui avaient présidé à l'organisation d'une telle campagne. Tous comprenaient que, quoi qu'il arrivât désormais, le coup était porté, qu'il n'y avait plus d'avenir possible pour un gouvernement qui a exposé un pays à ces cuisantes humiliations, contre lesquelles l'héroïsme ne peut rien. Cette fois le malheur a passé la mesure, le désastre a été immense, terrible. Trois jours de combats suivis d'une effroyable déroute, une armée tout entière cernée dans un cercle de fer, n'ayant plus ni vivres ni minutions, et réduite à capituler, notre matériel laissé avec nos soldats aux mains du vainqueur, le maréchal Mac-Mahon blessé et captif avec tant d'autres, l'Empereur rendant son épée au roi de Prusse, une tragédie militaire sans exemple se déroulant autour de la statue de Turenne à Sedan, voilà le bulletin tombant comme un coup de foudre au milieu de nos anxiétés patriotiques, entremêlées jusque là d'espérances ou d'illusions. La catastrophe semblait dépasser toute limite. Quand la vérité affreuse a éclaté, l'empire a été bien peu de chose, il n'existait plus déjà ; il n'a pas été emporté par une conspiration, par une insurrection longuement combinée : il s'est évanoui dans l'émotion publique. De ce régime, qui la veille encore semblait si puissant, il n'est rien resté, pas même la majesté d'une ruine ; tout a été balayé d'un souffle, et à la place c'est la France qui se levait douloureuse, palpitante, ensanglantée, n'ayant plus d'autres ressources que d'écarter toutes les fictions pour se sauver elle-même.

De tous nos désastres, ce n'est pas assurément notre armée qu'il faut accuser, elle s'est presque toujours battue un contre trois et quelquefois un contre cinq; elle a été stoïque, cette armée, jusque dans ses plus pénibles détresses, même en ayant l'instinct des fausses combinaisons, des imprévoyances dont elle était la victime, et, lorsqu'elle a pu marcher avec confiance, elle a bien montré qu'elle ne capitulait pas. Ce qu'il y a de caractéristique dans cette catastrophe de Sedan, c'est qu'elle apparaît comme couronnement sinistre de toute une phase de la guerre.

Suivez du regard cette courte campagne, vous y retrouverez encore une fois tout ce qui a signalé ces tristes débuts d'une lutte gigantesque, les surprises incessantes, les vices d'organisation, les incertitudes de direction, les commandements de faveur obstinément maintenus. Rien n'est changé, on va comme si l'on n'avait pas reçu les plus dures leçons, on n'en fait ni plus ni moins. Qui commande réellement? est-ce le maréchal Mac-Mahon, est-ce Napoléon? Ce n'est pas une organisation, c'est le désarroi éclatant sous toutes les formes. La vérité est que cette guerre de 1870 n'était que la grande et redoutable liquidation d'un système politique qui a eu pour objet d'émousser en quelque sorte tous les ressorts de l'organisme français, à commencer par l'armée elle-même, d'infiltrer l'incurie et l'esprit de gaspillage dans nos affaires. L'action a été lente, inaperçue, elle n'a pas été moins terrible. Au lieu d'entretenir parmi nos officiers une émulation virile, le goût d'une instruction sérieuse, on a développé des habitudes de frivolité et de favoritisme. On a voulu des dévouements complaisants, non des services rendus au pays. On a fait des expériences et modifié des uniformes; on a tout sacrifié à l'apparence, aux dehors, au faste, sans songer à ce qui pouvait assurer une bonne et forte constitution de notre armée. En tout, on a négligé l'essentiel et le solide.

VI

CONCLUSION.

Il est temps de conclure.
On vient de repasser toute l'histoire du second Empire;

résumons-nous et voyons ce qu'il nous a coûté depuis qu'il existe.

L'Empire s'est établi par un coup d'Etat sur les ruines de la République et par la proscription en masse du parti républicain. Il faudrait compter d'abord les victimes de cette catastrophe, approximativement, hélas ! car, qui saura jamais au juste les deuils et les désastres accumulés par la coupable ambition d'un seul homme? Il faudrait dire le nombre de ceux qui sont tombés, les armes à la main, pour la défense des lois, de ceux qui ont été transportés à Cayenne et à Lambessa, de ceux qui ont été chassés de France et obligés d'aller vivre en exil du pain de l'étranger, de ceux que, par un caprice, on se contentait d'interner dans une ville, loin de leurs familles et de leurs affaires, de ceux que l'on a gardés en prison, de ceux qui ont été inquiétés dans leur fortune et dans leurs intérêts, non pas seulement dans l'année qui a suivi le coup d'Etat, mais longtemps après, par haine, par esprit de vengeance politique.

Plus de cent mille familles françaises ont été atteintes par le coup d'Etat. On s'étonne que la France ne l'ait point pardonné !

Il faudrait rappeler encore les persécutions de tous genres, les suspicions de tous les instants, les perquisitions judiciaires, les visites domiciliaires qui, pendant les dix premières années de l'Empire, fondaient à l'improviste et à toute heure sur les suspects de l'opposition. En 1858, après l'affaire d'Orsini, un nouveau vent de proscription souffle sur la France : c'est une sorte de coup d'État au petit pied. Qui dira le nombre de ces nouvelles victimes de l'arbitraire ?

C'est par ces moyens de compression violente que l'Empire s'est fondé et maintenu. Ce n'est pourtant là que la plus faible partie de ce qu'il nous a coûté.

On nous dit que le régime fondé après décembre nous a valu dix-huit années de calme et de prospérité.

Le calme! que veut-on dire par là? Le calme, c'était le silence dans la servitude. Tout le monde était chassé de la vie publique ; c'est toujours la vieille maxime du césarisme romain : là où ils ont fait régner le silence du désert, ils disent qu'ils ont apporté la paix. N'est-ce pas ainsi que procédèrent plus tard les Prussiens envahisseurs?

La prospérité ! ah ! pour le coup, c'est trop fort. La République avait un budget de quinze cents millions en 1850 ; les budgets de l'Empire atteignirent deux milliards trois cents millions et se soldaient en déficit. Sous la République, en 1850, le chapitre des dotations s'élevait à dix millions ; ce chapitre s'éleva sous l'Empire à quarante-huit millions.

Les gros budgets comme les emprunts périodiques furent une des bases du système impérial ; toute la politique financière de l'Empire consistait à escompter l'avenir au profit du présent.

En quatorze ans, l'Empire dépensa trois milliards et demi en sus de ses recettes ordinaires.

Encore si l'État seul avait eu des dettes ! Mais tout passait dans cet engrenage : Paris, les départements, les communes, les grandes compagnies. Les emprunts de Paris s'élevèrent à plus de deux milliards ; ceux des villes au-dessus de cent mille habitants, à plus de cinq cents millions ; ceux des départements, à plus de deux cent cinquante millions, sans parler des obligations des diverses compagnies qui montèrent à plus de neuf milliards.

Un établissement de crédit, le Crédit mobilier, créé sous les auspices du Gouvernement, a fini par entrer en liquidation, après avoir englouti une partie de l'épargne de la France, plus d'un milliard, dans des spéculations aventureuses et exagérées. Le goût de la spéculation transforme tous les capitaux en valeurs mobilières et les détourne des biens fonciers et de l'agriculture. Les travaux excessifs des villes renchérissent la main-d'œuvre dans les campagnes. Le nombre des faillites va suivant une progression effrayante. De 1863 à 1864, les faillites s'élevaient à 1418 ; de 1868 à 1869, elles se sont élevées à 2131. Les contribuables étant surchargés, les revenus privés diminuent. Enfin, pendant que l'Empereur touchait par an une liste civile de plus de vingt-cinq millions, le

Corps législatif refusait un crédit de deux cent cinquante mille francs pour porter à cinq cents francs le chiffre de la pension de retraite des instituteurs.

Voilà la prospérité de l'Empire.

Reste la gloire; c'est à peine si nous osons en parler après ce que nous avons vu. Cette gloire dont nous étions si fiers s'est tout entière évanouie; et comme le disait notre vainqueur après le désastre de Sedan : le prestige militaire de la France n'existe plus. En France! un empereur se rendant avec 80 000 hommes quand ses généraux lui disent : il faut combattre. En France! un maréchal à la tête de 120 000 hommes de troupes d'élite ne sait pas repousser l'ennemi qui l'étreint, quelque nombreux qu'il soit. Il y a, il est vrai, nos victoires de Crimée et d'Italie; nous avons dit plus haut quels résultats elles donnèrent : résultats insignifiants, nuls, bien que la Crimée nous eût coûté 100 000 hommes et l'Italie 60 000; puis sont venues les folles expéditions de Chine, de Cochinchine, du Mexique. Le Mexique! qu'il fallut abandonner après y avoir perdu cinquante mille hommes et six cents millions, et enfin la guerre avec la Prusse, guerre déclarée par Napoléon malgré la France, quoi qu'il en dise : ce qu'il est facile de prouver par les rapports de tous les préfets d'alors; guerre qu'il entreprit avec des forces cinq fois moindres que celles de l'ennemi, sans artillerie, avec des approvisionnements insuffisants, avec des généraux ignorants et incapables; aussi en six semaines nos forces militaires étaient anéanties et l'ennemi était en plein cœur de la France.

Et que l'on ne dise pas que l'on avait refusé à l'Empire et l'argent et les hommes pour que le pays fût prêt à la lutte. Le budget de la guerre était d'un milliard par an, quand nous ne trouvions pas cinquante millions pour l'instruction publique. Les contingents étaient de cent mille hommes, le service de neuf ans au lieu de sept. Plus de bons numéros. Et cependant, en quel temps la France avait-elle été moins redoutée en dehors qu'à la fin de l'Empire, moins influente dans les conseils de l'Europe ?

Voilà la gloire de l'Empire.

Mais la vraie conclusion de cette histoire, elle a été écrite en traits de flammes par M. Gambetta, l'âme de la défense nationale, dans l'admirable discours qu'il a prononcé à Bordeaux le 1er janvier 1871, au plus fort de la guerre désastreuse que la France avait déchaînée sur nous, en présence d'un auditoire de quarante mille citoyens.

« Ce règne de vingt ans, disait le grand patriote, c'est parce que nous l'avons subi que nous avons dû subir l'invasion étrangère jusque sous les murs de notre glorieuse capitale. Et c'est parce qu'on avait altéré systématiquement, dans ce pays, toutes les sources de la force et de la grandeur; c'est parce que nous avons perdu le ressort sans lequel rien ne peut durer ni triompher dans ce monde, l'idée du devoir et de la vertu, qu'on a pu croire un moment que la France allait disparaître.

« C'est à ce moment que la République, apparaissant pour la troisième fois dans notre histoire, a assumé le devoir, l'honneur et le péril de sauver la France. Ce jour-là, c'était le 4 septembre : l'ennemi s'avançait à grandes journées sur Paris; nos arsenaux étaient vides; notre armée à moitié prisonnière ; nos ressources de tous côtés disséminées, éparpillées; deux pouvoirs : un pouvoir captif, un pouvoir fuyard ; une Chambre que sa servilité passée rendait incapable de saisir le gouvernail. Oh! ce jour-là, nul ne contestait la légitimité de la République. Ce fut plus tard, lorsque la République eut mis Paris dans cet état d'inviolabilité sacrée, lorsqu'il fut établi que la République avait tenu sa promesse du 4 septembre, sauvé l'honneur du pays, organisé la défense et maintenu l'ordre, lorsqu'il fut démontré, grâce à la République, que la France ne saurait périr, que, par elle, le droit finit par primer la force ; ce fut alors que ses adversaires, dont elle assure aujourd'hui la quiétude et la sécurité, commencèrent à contester sa légitimité et à discuter ses origines. La République liée, associée comme elle l'est à la défense et au salut de la patrie, est hors de question : elle est immortelle! »

VIVE LA RÉPUBLIQUE!

Typographie Lahure, rue de Fleurus, 9, à Paris.

www.ingramcontent.com/pod-product-compliance
Lightning Source LLC
Chambersburg PA
CBHW060528050426
42451CB00011B/1717